Succession de M. EUDE, dit MICHEL

DOUZIÈME VENTE

TABLEAUX ANCIENS

DE MAITRES

Français, Flamands, Hollandais et Italiens

HOTEL DROUOT, SALLE N° 1

Le Vendredi 24 Avril 1874

A DEUX HEURES

EXPOSITION PUBLIQUE : le Jeudi 23 Avril 1874

Me DELBERGUE-CORMONT	MM. DHIOS ET GEORGE
COMMIS^re-PRISEUR	EXPERTS
Rue de Provence, 8.	Rue Le Peletier, 33.

PARIS — 1874

Ve RENOU, MAULDE et COCK
IMPRIMEURS DE LA COMPAGNIE DES COMMISSAIRES-PRISEURS
Rue de Rivoli, 144.

Copie du Bordereau

N° 58 –	De Vries	95 „
79 –	Ostade — Dh	215 „
89.	Wynants	100 „
86 –	Verschuur –	310 „
9 – 73 –	Maas –	405 „
100 –	Sasso-ferrato	250 „
59 –	Goyen (Jan van) Dh	300 „
101 –	Veronese Dh	470
		2145
		107.25
		10

Bureau ministère

58 – Klomp — 60
15 Liemann — 53
69 Klomp — 82

— 195

Bordereau 2262.35

Honoraires 1085 „ 90

CATALOGUE

DES

TABLEAUX ANCIENS

DE MAITRES

Français, Flamands, Hollandais et Italiens

FAISANT PARTIE DE LA SUCCESSION

DE M. EUDE, DIT MICHEL

ET DONT LA VENTE AURA LIEU

HOTEL DROUOT, SALLE N° 1

Le Vendredi 24 Avril 1874

A DEUX HEURES

Me **DELBERGUE-CORMONT**, Commissaire-Priseur,
rue de Provence, 8,
Assisté de **MM. DHIOS** et **GEORGE**, Experts, rue Le Peletier, 33.

EXPOSITION PUBLIQUE

LE JEUDI 23 AVRIL 1874

PARIS — 1874

CONDITIONS DE LA VENTE

Elle sera faite au comptant.

Les Acquéreurs paieront CINQ POUR CENT, en sus des enchères.

DÉSIGNATION

DES

TABLEAUX

ÉCOLE FRANÇAISE

BERRÉ (J.-B.)

1 — **Pâturage.**

Dans une prairie une vache et un âne debout une autre vache et trois moutons couchés. Au premier plan, un petit garçon tenant une baguette, et près de lui un chien.

Signé : Berré, 1821.

Toile. — H. 23 c. L. 31 c.

BERTIN (J. V.)

2 — **Paysage : site italien.**

Bois. — H. 26 c. L. 35 c.

BLAIN DE FONTENAY

3 — **Panneau de décoration.**

Divers instruments de musique, un violoncelle, une musette, un flageolet, une partition, devant une balustrade sur laquelle est placé un vase orné de sculptures et enguirlandé de fruits magnifiques. A droite, s'élève une fontaine monumentale à dauphins.

Daté 1730.

Toile. — H. 2 m. 64 c. L. 1 m. 90 c.

BOILLY (L.-L.)

4 — **Paysage et Animaux, vue d'Italie.**

Au centre, une route bordée par les grands murs d'enclos de villas italiennes, dont les constructions s'élèvent au-dessus des arbres, à droite et à gauche de la composition. — Sur la route, un troupeau de vaches et de moutons; un homme monté sur un cheval attelé à un chariot; une femme sur un âne, etc., etc.

Toile. — H. 82 c. L. 1 m. 06 c.

BOILLY

5 — **Portrait d'homme.**

Toile. — H. 21 c. L. 17 c.

BOILLY

6 — **Portrait de femme.**

Toile. — H. 21 c. L. 17 c.

BOUCHER (François)

7 — **Jeune fille à demi nue.**

Figure à mi-corps.

Jolie esquisse.

Forme ovale. — H. 38 c. L. 32 c.

BOURDON (Sébastien)

8 — **Bacchus et Ariane dans l'île de Naxos.**

Toile. — H. 88 c. L. 1 m. 15 c.

CASANOVA

9 — **Cavalier.**

Bois. — H. 35 c. L. 28 c.

CHARDIN (J.-B.-Siméon)

10 — **Portrait présumé de Gluck.**

En buste, cheveux poudrés, cravate garnie de dentelle, habit de velours rouge.

Toile. — H. 58 c. L. 46 c.

CREPIN

11-12 — **Grands Arbres et rochers.**

Deux pendants.

Bois. — H. 22 c. L. 28 c.

DEBUCOURT (P.-J.)

13 — **La Procession de la fête-Dieu.**

Ce tableau fut exposé par l'artiste au Salon de l'année 1817. — Il est ainsi désigné au n° 207 du livret : « *Procession dans un village des environs de Paris.* » C'est une des œuvres les mieux réussies de l'auteur. Le coloris est séduisant, le pinceau léger et spirituel.

Signé et daté 1817.

Bois. — H. 45 c. L. 58 c.

DELORME (Signé)

14 — **Madame Victoire, fille de Louis XV.**

Elle est représentée en Hébé.

Toile. — H. 1 m. 28 c. L. 96 c.

DE MARNE

15 — **Paysage boisé et Animaux.**

Bois. — H. 19 c. L. 29 c.

DROUAIS

16 — **Portrait d'homme.**

Cheveux poudrés, habit marron, cravate blanche, une main dans son habit.

Toile, forme ovale. — H. 73 c. L. 58 c.

ESCHARD (Charles)

17 — **Le Moulin à vent.**

18 — **Bords de rivière.**

Deux bons tableaux de l'artiste, signés et datés 1793.

Bois. — H. 52 c. L. 58 c.

GRIMOUX

19 — **Jeune Fille.**

En costume de pèlerine, le bourdon à la main, des coquilles de saint Jacques attachées à la robe, collerette bouffante.

Signé à droite.

Toile. — H. 73 c. L. 59 c.

LACROIX

20 — **Danse napolitaine.**

Toile. — H. 58 c. L. 1 m. 08 c.

LACROIX

21 — **Marine : Naufrage.**

Pendant du précédent.

LAFONTAINE (De)

22 — **Intérieur d'église.**

Signature et la date 1789.

Bois. — H. 29 c. L. 36 c.

LA FOSSE (Ch. de)

23 — **Le Duo.**

Une petite fille, son cahier de musique dans les mains, chante, accompagnée par une jeune femme qui pince de la guitare. Celle-ci est vêtue d'une robe rose, sur laquelle se drape une écharpe jaune; elle porte une toque à plumes et une collerette à fraise. Figures à mi-corps.

Beau tableau de l'artiste.

Toile. — H. 71 c. L. 1 m. 40 c.

LANTARA

24 — **Rochers au bord de la mer : Clair de lune.**

Toile. — H. 30 c. L. 40 c.

LANTARA

25 — **Vue prise aux environs de Paris : Effet de lune.**

Bois. — H. 24 c. L. 45 c.

LA RIVE (Pierre-Louis de)

26-27 — **Marche d'animaux.**

Deux pendants.

Bois. — H. 17 c. L. 27 c.

LEBRUN (Mme Vigée)

28 — **Portrait du chanteur Caillau.**

A mi-corps, représenté dans la pièce : *Les deux Chasseurs et la Laitière.*

Bois. — H. 90 c. L. 71 c.

LEDOUX (Mlle)

29 — **Tête de jeune fille.**

De trois quarts; cheveux châtains foncés, relevés et maintenus par un ruban bleu.

Toile. — H. 44 c. L. 35 c.

**

LEGILLON (Jean-François)

30 — **Campement de Bohémiens.**

Les productions de Legillon, un charmant peintre du XVIIIe siècle, sont assez rares; celle-ci est d'un coloris agréable et d'une exécution soignée.

Bois. — H. 34 c. L. 45 c

LE NAIN

31 — **Le Repas.**

Autour d'une table, deux hommes en costume du temps de Louis XIII, une femme et deux petites filles. A droite, une servante apportant un gigot sur un plat, et près d'elle un petit garçon, son feutre à la main. A gauche, un serviteur tenant une bouteille garnie d'osier.

Toile. — H. 96 c. L. 1 m. 13 c.

LERICHE

32 — **Fleurs.**

Beau panneau de décoration : fleurs disposées en bouquet dans un grand vase de cristal, au pied duquel est une corbeille de fruits. Fond de paysage.

Toile. — H. 2 m. 31 c. L. 1 m. 35 c.

MEULEN (A.-F. van der)

33 — **La Chasse au cerf.**

Très-beau paysage.

Toile. — H. 91 c. L. 1 m. 58 c.

MEULEN (A.-F. van der)

34 — **Attaque de voyageurs,**

Toile. — H. 57 c. L. 85 c.

MICHEL

35 — **Le Champ de blé.**

Plusieurs figures sur une route des environs de Paris; à gauche, un champ de blé; à droite, un moulin à vent. Nuages blancs sur un ciel bleu.

Joli spécimen de Michel, d'un coloris blond, très-fin.

Bois — H. 23 c. L. 31 c.

MICHEL

36 — **Petit Paysage avec bestiaux.**

Bois. — H. 13 c. L. 19 c.

MOREAU

37 — **La Promenade au jardin des Tuileries.**

Toile. — H. 71 c. L. 92 c.

OUDRY (J.-B.)

38 — **Chasse au loup.**

Quatre Chiens attaquent un loup.

Toile. — H. 87 c. L. 94 c.

RAOUX (Jean)

39 — **La Tireuse de cartes.**

C'est une jeune fille, élégamment vêtue, robe grise à passementeries d'or, turban bleu brodé. Tournée de profil, assise à une table, une main sur les cartes, l'autre sentencieusement élevée, l'index déployé, elle vient de proférer quelque prédiction amoureuse. En effet, sa compagne, une jolie fille non moins coquettement parée, corsage de velours à crevés, fraise à bouillons, toque à plumes, rit aux éclats, la tête renversée en arrière, tout en maintenant sur sa poitrine, comme pour faire vérifier les battements de son cœur, la main d'un grand garçon imberbe, qui partage son hilarité.

Figures à mi-corps.

Ce tableau et le suivant sont deux œuvres hors ligne du peintre, par le brio de l'exécution, par la fraîcheur et l'harmonie du coloris, digne de Watteau et des beaux maîtres vénitiens.

Toile. — H. 79 c. L. 97 c.

RAOUX (Jean)

40 — **Le Trio.**

Trois personnages à mi-corps; des acteurs sans doute : deux jeunes femmes qui chantent, l'une tenant un cahier de musique, et un homme en costume de Scapin qui bat la mesure.

Pendant du précédent.

RIGAUD (H.)

41 — **Portrait d'un Commandant d'armée.**

A mi-corps, longue perruque, cuirasse passée sur un vêtement de velours rouge brodé d'or. Cravate garnie de dentelles.

Toile. — H. 80 c. L. 62 c.

ROEHN, père

42 — **Les Plaisirs de l'hiver.**

Salon de 1822, n° 1119 du livret.

Toile. — H. 50 c. L. 70 c.

ROBERT-HUBERT

43 — **Incendie de l'Hôtel-Dieu, au mois de décembre 1772.**

Toile. — H. 84 c. L. 68 c.

SWAGERS (François)

44 — **Canal de Hollande.**

Barques de pêche, villageoises dans un bateau et batelets sur un canal, dont une rive est boisée.

Bois. — H. 42 c. L. 49 c.

SWAGERS (François)

45 — **Mer houleuse.**

Barques de pêche, navires et batelets.

Bois. — H. 42 c. L. 49 c.

TIERSONNIER

ARTISTE FRANÇAIS DU XVIIIe SIÈCLE

46 — **Diane au bain.**

La déesse, assise au bord d'un ruisseau, a quitté ses vêtements; son carquois et son arc sont déposés auprès d'elle; une perdrix gît à ses pieds. Figure de grandeur naturelle.

D'un pinceau facile, d'un coloris brillant, ce tableau, dû à un artiste peu connu, est comparable aux meilleures productions des maîtres français du XVIIIe siècle.

Signé en bas, sur un rocher.

Toile. — 1 m. 63 c. L. 1 m. 31 c.

VINCENT (Fr.-André)

47 — **Portrait de jeune femme.**

Assise dans un fauteuil, robe grise et fichu blanc, coiffure à plumes et rubans; elle tient sur ses genoux un chien carlin.

Signé et daté 1793.

Toile. — H. 80 c. L. 64 c.

ÉCOLE FRANÇAISE

48 — **Portrait d'un acteur de la Comédie italienne.**

En pied, dans le costume de Scapin, appuyé d'une main sur un bas-relief en pierre, qu'il indique de l'autre main.

Toile. — H. 45 c. L. 32 c.

ÉCOLES FLAMANDE ET HOLLANDAISE

BREDA (Van)

49 — **La Chasse au cerf.**

Jolie composition, dans le goût de Philippe Wouwerman.

Bois. — H. 41 c. L. 62 c.

CARRÉ (Michel)

50 — **Animaux à l'abreuvoir.**

Signé : M. Carrée.

Toile. — H. 45 c. L. 56 c.

CRAESBEECK (J. van)

51 — **L'Opérateur de village.**

Bois. — H. 24 c. L. 19 c.

CRAYER (Gaspard de)

52 — **Les Pères de l'Église.**

Saint Ambroise, saint Augustin, saint Nicolas et saint Jérôme.

Figures de grandeur naturelle.

Œuvre remarquable du maître.

Toile. — H. 1 m. 75 c. L. 2 m.

CUYP (Albert)

53 — **Portrait d'enfant.**

C'est une fille de deux ans environ, toute vêtue de blanc et assise dans sa petite chaise. Elle agite un hochet suspendu à son cou par une chaîne d'or. Un gros chien blanc, tacheté de noir, caresse l'enfant.

Bois. — H. 92 c. L. 99 c.

CUYP (Albert)

54 — **Portrait d'enfant.**

Représenté en petit saint Jean, caressant l'agneau.

Signé et daté 1659.

Bois. — H. 74 c. L. 1 m. 04 c.

DE HEEM

55 — **Fruits, Homard, Citron.**

Bois. — H. 50 c. L. 64 c.

DEKKER (C.)

56 — **Paysage.**

Habitations rustiques entourées d'arbres, au bord d'un canal.

Signé des initiales.

Bois. — H. 43 c. L. 51 c.

DEKKER (C.)

57 — **Rivière traversant un bois.**

Bois. — H. 37 c. L. 49 c.

DE VRIES

58 — **Paysage.**

Cavalier arrêté devant une cabane portant une enseigne de marchand de lunettes. Derrière cette habitation s'élève le clocher d'une église.

Bois. — H. 53 c. L. 44 c.

GOYEN (Jan van)

59 — **Paysage.**

Grands arbres et cabanes le long d'une route sur laquelle on voit un chariot, un cavalier, etc.; dans le lointain, une ville.

Bois. — H. 48 c. L. 40 c.

GRIFFIER (Jean)

60-61 — **Vues des bords du Rhin.**

Deux pendants.

Cuivre. — H. 22 c. L. 29 c.

HACKKERT (Jan)

62 — **Rivière sous bois.**

Signé en bas, à droite.

Bois. — H. 31 c. L. 40 c.

HAYE (Reinier de la)

63 — **Ermite dans une grotte.**

Analogie avec Gérard Dow.

Signé sur un rocher.

Bois. — H. 34 c. L. 28 c.

HEUSCH (Wilhem de)

64 — **Le Pont de bois.**

Au premier plan, un muletier sur une route qui, passant auprès d'un bouquet d'arbres, se dirige vers un pont délabré construit sur un torrent.

Bois. — H. 72 c. L. 90 c.

HUYSMANS, de Malines

65 — **Paysage.**

Au premier plan, des femmes portant des corbeilles de fleurs; sur la droite, terrains jaunâtres plantés de grands arbres. Dans le lointain, un temple et des massifs de verdure; à l'horizon, des montagnes dont la cime est vivement éclairée.

Belle composition de style historique; coloris chaud et vigoureux.

Signé et daté.

Toile. — H. 62 c. L. 78 c.

KALF (Wilhem)

66 — **Intérieur rustique.**

Un rouet, un baquet, un chaudron, un porc entr'ouvert suspendu par les pattes, et divers ustensiles occupent le premier plan d'un hangar éclairé par une petite fenêtre ; à droite, trois villageois autour d'un baquet.

Bois. — H. 38 c. L. 36 c.

KESSEL (J. van) et BALEN (H. van)

67 — **Vénus et Vulcain.**

La déesse reçoit de Vulcain les armes qu'elle lui a demandées pour Énée ; l'Amour lui présente un casque. Ces figures, peintes par H. van Balen, sont placées auprès d'une table richement servie de mets variés, dans une vaste galerie encombrée d'une infinité d'armes et d'armures, de vases précieux et d'objets d'orfévrerie. Dans le fond, on aperçoit une autre galerie où l'on fabrique des canons.

Composition enrichie par J. van Kessel, d'une incroyable profusion de détails du fini le plus achevé.

Bois. — H. 74 c. L. 1 m. 26 c.

KLOMP (A.)

68 — **Pâturage.**

Bois. — H. 13 c. L. 25 c.

KLOMP (A.)

69 — **Pâturage.**

Deux vaches, l'une couchée, l'autre debout.

Bois. — H. 31 c. L. 25 c.

LEEUW (P. van der)

70 — **Pâturage.**

Vaches et moutons au repos dans une prairie. Dans le fond, à droite, une route au pied de hautes montagnes.

Coloration fine, exécution très-soignée.

Toile. — H. 36 c. L. 45 c.

LELY (Van der Faes, chevalier)

71 — **Portrait d'une dame de la cour de Charles Ier.**

A mi-jambes, debout, à l'entrée d'un parc ; robe de satin gris bleu ; elle ramène de la main droite une écharpe passée sur son épaule.

Toile. — H. 1 m. 18 c. L. 85 c.

LINGELBACH (Jan) —

72 — **Port de mer.**

De nombreuses figures, marchands, marins, promeneurs, portefaix, sont diversement groupées sur le premier plan. Dans le port, des batelets et plusieurs galères en rade. Fond de montagnes. Signé du monogramme.

Toile. — H. 96 c. L. 1 m. 20 c.

MAAS (Dirk)

73 — **Marché aux chevaux.**

Beau tableau de l'artiste avec nombreux personnages et quantité de chevaux. Signé en toutes lettres.

Toile. — H. 68 c. L. 80 c.

MICHAU (Théobald)

74 — **Village et Figures.**

Bois. — H. 15 c. L. 18 c.

MOLYN (Pierre)

75 — **Rivière de Hollande avec barques.**

Toile. — H. 38 c. L. 58 c.

MOUCHERON

76 — **Paysage.**

Un pont construit sur un torrent qui tombe en cascade au pied d'une vieille tour.

Bois. — H. 78 c. L. 61 c.

NETSCHER (Gaspar)

77 — **Portraits d'enfants.**

Ils sont cinq : deux garçons et trois filles, représentés à mi-corps, auprès d'une balustrade couverte d'un tapis d'Orient. L'un des enfants caresse un chien, un autre tient un chat, un troisième ouvre une noix.

Beau tableau.

Toile. — H. 1 m. L. 89 c.

NICOLIÉ (J.-C.)

78 — **Intérieur d'église.**

Bois. — H. 33 c. L. 28 c.

OSTADE (Isaac van)

79 — **Intérieur d'estaminet.**

Dix personnages, fumeurs et buveurs, réunis dans une chambre rustique.

Bois. — H. 40 c. L. 52 c.

RAVESTEYN

80 — **Portrait de femme.**

En buste. Coiffe blanche et collerette tuyautée bordée de guipure ; bijou en or dans les cheveux ; chaînes sur un corsage de soie noire.

Bois. — H. 64 c. L. 54 c.

ROMEYN (W. van)

81 — **Animaux couchés dans un pré.**

Toile. — H. 30 c. L. 40 c.

RUYSDAEL (J.)

82 — **Entrée de bois.**

A gauche, un chemin montueux et défoncé par les pluies conduit à l'entrée d'un bois ; à droite, un tronc d'arbre renversé et une clairière, au delà de laquelle on aperçoit une cabane entourée de buissons verts.

Esquisse vigoureuse, peinte largement.

Toile. — H. 50 c. L. 60 c.

SCHALKEN (G.)

83 — **Petite Fille tenant une torche.**

Signé.

Bois. — H. 23 c. L. 19 c.

STOCKLEIN

84 — **Intérieur d'église.**

Signé ainsi : *Peint par Stocklein de Francfort en* 1780.

Bois. — H. 35 c. L. 41 c.

TOORENVLIET (J.)

85 — **La Partie de cartes.**

Sept personnages dans un intérieur hollandais. Agréable composition.

Toile. — H. 48 c. L. 58 c.

VERSCHUUR (Lievin)

86 — **Marine : temps d'orage.**

Effet de soleil à travers les nuages. Signé sur un tonneau.

Toile. — H. 47 c. L. 65 c.

VOOS (Simon de)

87 — **Portraits.**

Quatre personnages, un homme, une femme et deux enfants revêtus d'élégants costumes du temps de Louis XIII.

Superbe peinture d'un coloris puissant, d'une facture magistrale ; elle est digne de Rubens, à qui le tableau était attribué.

Toile. — H. 1 m. 30 c. L. 1 m. 52 c.

WOUWERMAN (Pierre)

88 — **Pêcheurs sur une plage.**

Toile. — H. 62 c. L. 91 c.

WYNANTS (Jan)

89 — **Paysage.**

Une femme et deux enfants se reposent au bord d'une rivière; à gauche, des tertres sablonneux frappés par un rayon de soleil.

Toile. — H. 40 c. L. 35 c.

WYNTRACK (B.)

90 — **Intérieur de ferme.**

Des canards, des poules, des chèvres, un cheval, sous un hangar encombré d'ustensiles de ferme et de légumes; brouette, chaudrons, choux, bottes d'oignons, etc. Une villageoise tourne le loquet de la porte pour entrer. Signé.

Bois. — H. 59 c. L. 82 c.

WITTE (Emmanuel de)

91 — **Intérieur d'un temple protestant.**

Toile. — H. 56 c. L. 45 c.

W. B. (Initiales)

92 — **Le Repos des bergers.**

Peinture dans la manière de Berghem.

Bois. — H. 35 c. L. 44 c.

ZORG (H.-Martin Rokes, dit)

93 — **Intérieur de cellier.**

Un jeune villageois s'élance à la poursuite d'un chat qui vient de dérober un poisson dans un grand plat déposé à terre. Nombreux ustensiles de ménage, légumes, etc. Signé du monogramme et daté 1657.

Bois. — H. 36 c. L. 47 c.

ZORG (H.-Martin Rokes, dit)

94 — **La Cuisinière hollandaise.**

Elle est assise près d'un puits et nettoie des poissons; auprès d'elle, corbeille remplie de légumes, tonneau, chaudrons, poteries, dinde appendue le long d'une poutre, etc.

Belle qualité.

Bois. — H. 62 c. L. 48 c.

ZORG (H.-Martin Rokes, dit)

95 — **Intérieur de cellier.**

Canards dans une corbeille, choux, concombres, pots de terre, baquet, etc.

Bois. — H. 33 c. L. 24 c.

ÉCOLE FLAMANDE

96 — **Portraits.**

Une famille flamande, celle d'un marguillier sans doute, est représentée dans l'intérieur d'une vaste église. Elle se compose de six personnes vues en pied : le père, la mère et quatre enfants. Le chef de la famille est à gauche; d'une main il tient une montre; de l'autre, une lettre, avec une suscription. Près de lui, son fils aîné appuyé sur un tableau et ayant à la main un médaillon et un rouleau. A droite, la mère montrant une alliance et donnant la main à sa fille. Au milieu, les deux plus jeunes enfants assis devant un cartouche armorié portant la lettre Y. Dans la nef, sur un plan éloigné, on aperçoit l'auteur du tableau, la palette et les pinceaux à la main. Sur la palette on distingue des lettres : *la signature?* Les murs et les piliers de l'église, les tableaux qui les décorent, les dalles, toutes les parties du monument sont couvertes d'inscriptions en plusieurs langues.

En faisant traduire ces inscriptions, en étudiant les lettres tracées sur la palette, en comparant les traits de l'artiste avec les portraits connus des peintres de cette école, on découvrira, nous le pensons, et le nom de l'auteur et celui de la famille représentée.

Quoi qu'il en soit, c'est une œuvre très-intéressante, d'un haut mérite artistique, et due à l'un des plus grands portraitistes de l'Ecole flamande.

Toile. — H. 1 m. 60 c. L. 1 m. 15 c.

ÉCOLE ITALIENNE

BATTONI (Pompeo)

97 — **Portrait d'une artiste.**

A mi-corps, la gorge découverte, la palette et les pinceaux à la main ; elle a la tète ceinte d'un diadème.

Sur un bracelet, on lit : P. Batoni pinxit 1775.

Toile. — H. 60 c. L. 49 c.

PANNINI (J.-P.)

98 — **Architecture et Figures.**

Entrée triomphale d'un conquérant dans une ville située au bord de la mer.

Beau tableau d'architecture, animé d'une infinité de personnages.

Toile. — H. 74 c. L. 1 m. 39 c.

99 — **Pendant du précédent.**

Sujet historique avec quantité de figures, au milieu de ruines.

SASSO-FERRATO

100 — **Madone.**

Les mains jointes. Un voile blanc couvre la tête. Robe rose, manteau bleu.

Toile. — H. 55 c. L. 43 c.

VÉRONÈSE (Attribué à Paul)

101 — **Portrait présumé de Bianca Capello.**

A mi-jambes; somptueux costume du XVIe siècle, robe de brocart, bijoux, collerette de guipure.

Toile. — H. 1 m. 30 c. L. 97 c.

Ves Renou, Maulde et Cock, imprs de la Compagnie des Commissaires-Priseurs, rue de Rivoli, 144. 42628

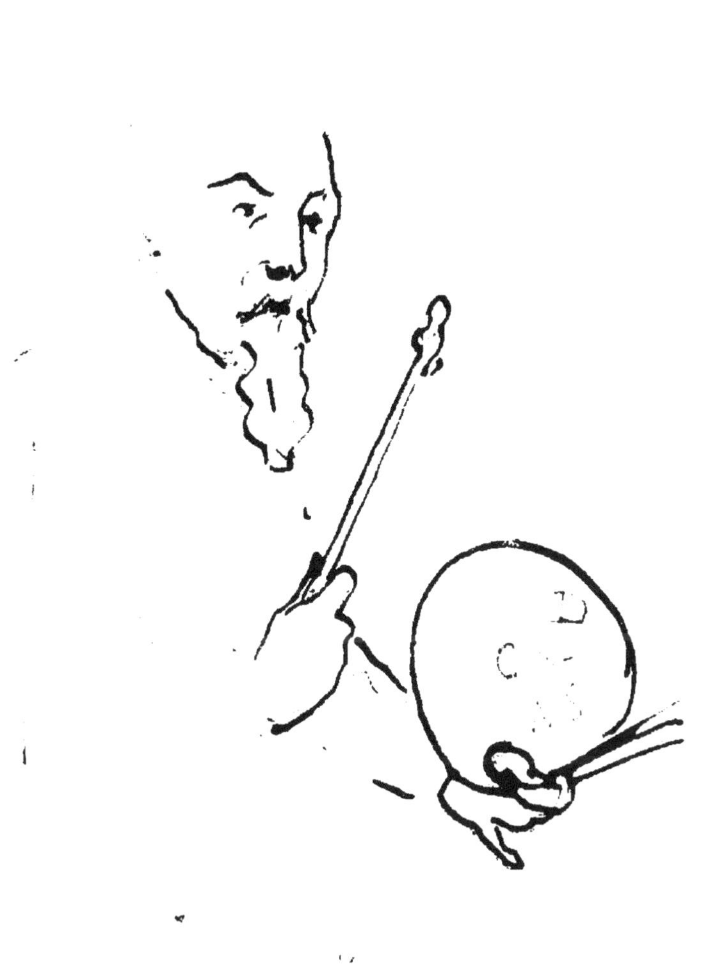

www.ingramcontent.com/pod-product-compliance
Ingram Content Group UK Ltd.
Pitfield, Milton Keynes, MK11 3LW, UK
UKHW021532260726
13993UKWH00004B/1947